Jakob Michael Perschy

Sprechen Sie Burgenländisch?

Ein Sprachführer für Einheimische und Zugereiste

UEBERREUTER

ISBN 3-8000-7040-5

Coverfoto: Österreich Werbung / Kalmar
Covergestaltung: Maria Schuster

Printed in Austria
3 5 7 6 4 2

Ueberreuter im Internet: www.ueberreuter.at

Inhalt

Ein besonderes Land

Das Burgenland hat ja doch einige Besonderheiten und Paradoxien aufzuweisen. Es ist mit seinen knapp 280.000 Menschen von seiner Einwohnerzahl her das kleinste Bundesland Österreichs. Mit 3965 km^2 liegt es aber von der Fläche her knapp vor Vorarlberg – und natürlich deutlich vor dem Winzling Wien. Trotz der relativen Kleinheit wird es bei der Länge der Staatsgrenzen nur vom Bundesland Tirol übertroffen. Auch ist es nicht, wie oft kolportiert, das jüngste Bundesland, obwohl es erst seit 1921 dem Hoheitsgebiet Österreichs angehört – den Status als Bundesland hat Wien nämlich später bekommen! Außerdem durften die Burgenländer, bedingt durch den Staatenwechsel, als einzige Österreicher schon zwei Mal ein Millennium bejubeln (ja, wir haben nicht nur 1996 1000 Jahre Österreich, sondern 1896 auch 1000 Jahre Königreich Ungarn gefeiert).

Da bei uns die Alpen, nachdem sie sich im Semmering- und Schneeberggebiet noch einmal austoben durften, endgültig als Auslaufmodell anzusehen sind und die ausgedehnten Steppengebiete Osteuropas ihren wenn auch bescheidenen Anfang nehmen, findet man bei uns zahlreiche Tier- und Pflanzenarten, für die wir entweder das westlichste oder das östlichste Verbreitungsgebiet darstellen.

»East meets west« gilt für das Burgenland allemal (weshalb man den Burgenländern zuweilen auch nachsagt, dass sie den Großmut und die Weltoffenheit der Alpenvölker mit dem Pflichtbewusstsein und der Sorgfältigkeit der Balkanbewohner in sich vereinen würden).

»North meets south« gilt weit weniger, schon allein weil das nördliche Burgenland mit seinen warmwindigen Ebenen weit südlicher wirkt als das südliche Burgenland mit seinen waldkühlen Hügeln. Aber lassen wir das.
Für den Außenstehenden – sagen wir, den durchschnittlich begabten Wiener – gibt es bei uns aber vor allem drei wichtige Dinge: den Wein, den Neusiedler See und die Mörbischer Festspiele. Außerdem haben wir hier den östlichsten, den heißesten und den tiefsten Ort Österreichs (Deutsch Jahrndorf, Tadten, Illmitz), aber das braucht man gar nicht mehr unbedingt zu wissen. Da hätten wir noch lieber, sie – die normal begabten Wiener – würden die berühmtesten Burgenländer kennen: nämlich Joseph Haydn (obwohl der ja eigentlich gebürtiger Niederösterreicher ist) und Gottfried Kumpf (der leider in Salzburg geboren wurde).
Was wir noch – immer noch – haben, ist unsere burgenländische Mundart, genau genommen unsere burgenländischen Mundarten, denn man kann das Burgenländische nicht generalisieren. Es gibt ja bei uns nicht nur deutsche Dialekte, sondern auch ein sehr komplexes Burgenland-Kroatisch, die Mundarten der ungarischen Sprachinseln und ein eigenständiges burgenländisches Romani.
In diesem Buch soll es nun aber nur um das deutschsprachige Burgenländisch gehen und schon das lässt sich schwer über einen Kamm scheren. Das geht nicht einmal mit dem *Hianzischen* (auch *Heanzischen*), dem Dialekt der *Hianzen* oder *Heanzen*, obwohl das manchmal versucht wird, da aus dem ehemaligen Spott- mittlerweile ein Ehrenname geworden zu sein scheint.
Als Charakteristikum des Burgenländischen gilt die *ui*-Mundart: »Mutter, die Buben geben keine Ruhe« heißt da *Muida, die Buim ge(i)m koa Ruih nit*. Allerdings ist diese *ui*-Mundart keineswegs auf das Burgenland

beschränkt. Man findet sie heute noch in Teilen Niederösterreichs, etwa im Weinviertel, und auch die deutschen Mundarten Südmährens hatten dieses *ui*. Quellentexte aus dem 18. Jahrhundert belegen es sogar für das hohe Wien. Im Burgenland, als einem Randgebiet des deutschen Sprachraumes, hat es sich eben hartnäckiger gehalten. Allerdings ist das *ui* auch hier und heute stark im Rückzug und die unter 50-jährigen Burgenländer neigen in der Mehrzahl bereits dazu, dass die *Buam ka Ruah* geben. Mundart ist eben etwas sehr Lebendiges, im steten Wandel begriffen und deshalb ist diese gesamte Materie streng wissenschaftlich schwer zu erfassen.

Streng wissenschaftlich soll es aber auch im vorliegenden Büchlein nicht zugehen, in dem ich Ihnen ein kleines Vokabular des Burgenländischen näher bringen will. Da werden sich Wörter darunter finden, die Sie etwa auch aus dem Kärntnerischen kennen oder die Ihnen zumindest aus dem Niederösterreichischen geläufig sind (weil zum Beispiel der Knoblauch in ganz Österreich umgangssprachlich unter *Knofl* bekannt ist), aber auch Wörter, die Sie vielleicht noch nie gehört und schon gar nicht gelesen haben. Da werden Sie Begriffe finden, die man zwar im Nord-, aber nicht im Südburgenland verwendet, oder Ausdrücke, die in Allersgraben ein bisschen was anderes bedeuten als in Zurndorf. Oft ist die genaue Bedeutung eines Wortes ja nur anhand des Kontextes zu ersehen: *gouschat* etwa mag »angeberisch«, »frech« oder »redegewandt« heißen (wobei auf manche *Gouschade* alle drei Eigenschaften zutreffen können).

Dass die Materie nicht ganz unkompliziert ist, kann ich auch am Beispiel des Wortes *Ziguri* illustrieren, welches eigentlich »Zichorie« bedeutet, im Burgenland aber in verschiedenen Ortschaften für die Schafgarbe, die Wegwarte oder den Löwenzahn verwendet wird. (Der

Löwenzahn kann übrigens auch *Müli-Distl* oder *Groudnbischl* oder *Liachtlescherl* heißen.)
Also, das Buch ist nicht streng wissenschaftlich, aber doch fundiert und hoffentlich so unterhaltsam, dass Sie Ihre Freude daran haben können.
Und übrigens: Sie müssen gar nicht Burgenländisch können, um das Burgenland zu lieben!

Jakob Michael Perschy
Neusiedl am See

A

Abuat	Toilette, Abort
Adamasch	Festessen am Ernteschluss (abgeleitet von ung. *áldomás:* Festschmaus)
Adaraxl	Eidechse
Agazi(-bam)	Das, was die Burgenländer Akazien (-baum) nennen, ist eigentlich eine Robinie (dem Fachmann als Scheinakazie oder *Robinia pseudoacacia* bekannt). Sie wurde unter unserer Königin Maria Theresia im 18. Jahrhundert aus Amerika hierher verpflanzt und ist vor allem im Nordburgenland sehr häufig anzutreffen, wo sie auch als landschaftstypisch gilt.
agratt	eben jetzt; also doch; gerade deswegen (abgeleitet von »akkurat«)
Ah(ñ)l	Großmutter; aber auch: alte Frau
Äih(ñ)l	Großvater; aber auch: alter Mann im Allgemeinen (abgeleitet von »Ahne«)
Äih(ñ)lfettn	Altersspeck
ajiada	jeder, ein jeder; s. a. *jiada*
alafi	elf (nur im Seewinkel)

Ambaredl	Regenschirm (abgeleitet von engl. *umbrella,* mutmaßlich von Rückwanderern aus Amerika ins Südburgenland eingeschleppt)
Antn	Ente
aschling, aschlings	rückwärts, hinten. Wer sein Auto *aschlings* einparkt, fährt mit der dem Fahrer abgeneigten Seite zuerst in die Parklücke.
Aschperl	Mispel
aubandln	den Versuch einer erotischen Beziehung starten
auf jo und na	in baldiger Bälde sozusagen, sofort
Aü(l)tas	Iltis
auffi, aufi	hinauf
auffidiwadiern	jemandem eine Arbeit aufhalsen; aber auch: jemandem ein Gerücht anhängen
aufhussn	aufhetzen
auflousn	gehorchen. Wenn Kinder *auflousn soin*, sollen sie folgsam sein.
Aumpa	Eimer
Aungbram	Augenbrauen
au(ñ)griaht	sensibel, verletzlich. *Sei ned so au(ñ)griaht!* (Sei nicht so beleidigt!)
au(ñ)gstouchn	*Au(ñ)gstouchn* ist jemand mit einem leichten oder beginnenden Rausch.
au(ñ)lassich	flirtbereit; geil

au(ñ)le(i)ng	kleiden. Wer sein *Gwaund au(ñ)le(i)gt*, der zieht sich an.
au(ñ)rauñtn	einen Anlauf nehmen, Vorbereitungen setzen
Au(ñ)sproch	Kommunikation. Wer *koa Au(ñ)sproch hot*, der findet niemanden zum Reden.
au(ñ)zwidern	jemanden seine schlechte Laune spüren lassen, ihm auf die Nerven gehen
ausbadern	austreiben (wahrscheinlich abgeleitet von *expedieren:* befördern)
ausgschamt	schamlos
auske(i)gln	ausrenken
ausmerigln	sich bis zur Erschöpfung plagen
ausnoan	»ausnarren«, verspotten
ausrichtn	über jemanden tratschen
aussa	heraus; *aussakizln* (herauslocken)
aussackln	jemanden um den letzten Cent bringen (das Finanzamt z. B. *sacklt an aus*)
aussi, ausi	hinaus; *aussistampern* (jemanden des Raumes verweisen)
ausspauna	das Pferd abschirren; aber auch: jemandem den Partner abspenstig machen: *I spaun da in Hauns aus!* (Ich sorge dafür, dass Hans zukünftig mein Freund ist, nicht deiner.)
Aü(l)zerl	Kleinigkeit
Autwachla	Linienrichter beim Fußball (Bei einem *Out wachelt* er mit seinem Fähnchen.)

awaü(l) ziemlich, beachtlich: *Du host owa awaü an Rausch ghobt!* (Du warst aber ziemlich betrunken!)

Awerl Murmeln; s. a. *Marmeln*. Wer *Awerl schei(b)t*, der spielt mit kleinen Glaskugeln.

B

abcdefghijklmnopqrstuvwxyz

Wörter, die Sie unter B nicht finden, stehen sicher unter P

Babrigajontschi	»Paprika-Jancsi«, Scherzname für einen Ungarn
Bacht	Brot und Gebäck, Backwerk
Badschi	harmlos-freundlicher älterer Herr (abgeleitet von ung. *bácsi:* Onkel)
baff	vollends überrascht, sprachlos, perplex
Bagsta(ü)l	Weingartenpfosten
bakschierlich	nett, adrett, aber auch ein wenig sexy (wird nur auf junge Frauen und Mädchen angewandt)
Bahö(l)	Aufsehen, Aufregung (abgeleitet von jidd. *baholo:* Lärm, Geschrei)
Balasn	gebackene Apfelspalten (eine süße Mehlspeise)
Bali	Stiefelschaft
Banka	alte, ausgetretene Schuhe, Latschen (abgeleitet von burgenl.-kroat. *panka:* Schuh)
bärat	läufig (bei Schweinen). Die Redewendung *Der mocht an laa(r)n Saustoi bärat!* meint, dass hier jemand viel Lärm um nichts macht.

barawern	schwer arbeiten
Basl	ältere weibliche Verwandte (nicht zu verwechseln mit der gleichnamigen Stadt in der Schweiz)
Bassamatta!	Scharfes Rügewort für schlimme Kinder
Batterl	Lätzchen. Ein *Trenzbatterl* hängt man sehr kleinen oder sehr alten Menschen vor dem Essen um den Hals.
Battrie	Taschenlampe. (Hier steht – Pars pro Toto – die Batterie für das ganze Gerät.)
Bauchtuttl	Nabel
baunawitzi	sehr aufgeregt, hochgradig nervös (abgeleitet von »wahnwitzig«)
baung	bange
Bau(ñ)tattung	informelle Tratsch-und-Klatsch-Versammlung (abgeleitet von mhd. *Banntaiding*)
Bauxerl	Kleinkind. *Bauxerl* kommt aber auch als Hundename vor.
Baz	gallertige Masse, weiches Inneres (etwa von Insekten; abgeleitet von »Beize«)
Be(i)berl	Klümpchen; aber auch: Kletten
Bei(d)l	Beutel; aber auch: Penis (abgeleitet von »Beitel«, dem Sticheisen zur Holzbearbeitung); sowohl in der ersten als auch in der zweiten Bedeutung ist der *Bei(d)l* auch als Schimpfwort in Gebrauch.
Be(i)k	Bäcker; aber auch: Bach, hier jedoch ausschließlich bei Herkunftsbezeichnun-

gen: *Puabe(i)ker, Roabe(i)ker, Luipasbe(i)ker* ... heißen die Einwohner von Purbach, Rohrbach, Loipersbach ...

Bei(ñ)	Biene
Be(i)ñl	Bohnen; aber auch: Kleintierkot. (Die *Hosn* machen z. B. *Be(i)ñl.*)
Beischl	Lunge. Ein *Beischlreißa* ist eine sehr starke Zigarette.
benzn	eindringlich bitten, flehentlich fordern
Biadl	wörtlich: »kleine Bürde«, gemeint ist ein Bündel
Biberl	kleines Huhn; auch: *Bibihendi*
biberln	gemütlich trinken (abgeleitet von lat. *bibere:* trinken)
Biedschn	ein bis zum Rand gefülltes Gefäß; aber auch: der Inhalt eines solchen Gefäßes
Biesgurn	Frau mit üblem Mundwerk (abgeleitet von der Bissgurre, auch Schlammpeitzger genannt, ein besonders hässlicher, in schlammigen Tümpeln lebender Fisch)
Bindl	Krawatte (abgeleitet von »Halsbinde«)
Bischl	Blumen, Blümchen; s. a. *Buschn*
Bitschga	Taschenmesser (abgeleitet von ung. *bicska:* Klappmesser; der Ausdruck ist nur im Südburgenland gebräuchlich)
blad	dick und fett (abgeleitet von »gebläht«). Der *Bladasch* ist ein Dickwanst (*blad* mit ungarischem Personalsuffix).
blazn	weinen

ble(a)hn	weinen (abgeleitet von »plärren«)
Bleampl	Dummkopf (unbedarft wie ein »Blümchen«)
Bledschärn	große Schramme, Blessur
Ble(i)dschn	großer Fleck
bleim, bloim	bleiben; im Südburgenland: wohnen
blenken	blenden
bligadizn	das Sich-Widerspiegeln des Lichts durch metallische Geräte oder Spiegel
Blodern	Blase
Blosn	Trompete
blo(w)	blau
Blunzn	Blutwurst (eine Fleischspeise); aber auch: fettes, bisweilen auch etwas dumm-dreistes Mädchen
Bluza	Tonkrug; aber auch: Dummkopf; Kopf. Wenn etwas *bluzarot* ist, dann ist es so rot wie die Schamesröte im Gesicht.
Bodhur	Badehure (schlimmes Schimpfwort für ein *ausgschamts* Weibsbild)
Boling	Ball (das Sportgerät, nicht die Tanzveranstaltung). Wer *Boling stesst*, der spielt Fußball.
Boon	Futtertrog der Rinder (abgeleitet von »Barren«)
Bouding	Bottich
Boutouna	Päonien, Pfingstrosen. (Der Name kommt daher, dass sie so *boutourod* sind.)

boutourod	bordeauxrot
Bouzn	Knospe
branzkern	in Fett braten
brañzna	ursprünglich das Verzehren der Reste am Tag nach einem Festschmaus (abgeleitet von ital. *pranzo:* Essen), heute allgemeiner: eine Nachfeier abhalten
Brauch, augnaumana	angenommene Gewohnheit, Tick
Bre(i)dschn	Kniehose (abgeleitet von engl. *breeches*)
Bre(i)ma	Bremse (das Insekt, nicht der Fahrzeugbestandteil)
Brei(ñ)l	braunes Pferd; aber auch: (unfreiwilliger) Junggeselle
Breslfleisch	»Bröselfleisch« wurde im Burgenland ursprünglich das Wiener Schnitzel genannt, das sich bekanntlich durch eine Panier aus Semmelbröseln auszeichnet.
bria(ñ)schn	breit und unverrückbar sitzen: *Wos bria(ñ)schtn a hoiwi Stund am Heisl?* (Warum sitzt du denn eine halbe Stunde auf der Toilette?)
brina	brennen; *brinnrot* (feuerrot)
brou(d)ln	trödeln
Brouwuam	»Brachwurm«, Engerling
Brudschn	Galläpfel. *Brudschn-Aung* sind jedoch nicht die Augen dieser Gewebewucherungen an Pflanzen, sondern hervorspringende Augäpfel.

bruhstna	raufen, ringen
Bruida	Bruder
brunzn	urinieren. Was heute recht deftig-derb klingt, war ursprünglich eigentlich eine recht noble Umschreibung, bedeutete es doch »sich wie ein Brunnen benehmen«.
Bschurass	nicht deklariertes Budget, Schwarzgeld, heimlich Erspartes
Buad Hodern	»Bürde Hadern«, Lumpenpack, Ansammlung von Nichtsnutzen
buglfi(ñ)ferln	Die Aufforderung *Du kaunst mi buglfi(ñ)ferln* entspricht im Wesentlichem dem Götzzitat, auch wenn es etwas weniger erbost oder derb daherkommt.
Bui	Bub, Knabe. Ein *Mau-Bui* ist ein knabenhafter Mann.
Buijaza	burgenländische Entsprechung zum Wiener »Wurschtl« (abgeleitet von ital. *Pagliacco* bzw. *Bajazzo*)
Buiñschoa(d)l	»Bohnenschoten«, grüne Bohnen, Fisolen
Bummerl	verlorenes Kartenspiel
Buschn	Blumen; s. a. *Bischl*

D

Wörter, die Sie unter D nicht finden, stehen sicher unter T

dabern	stopfen
dablumpfn	*Dablumpft* ist jemand, der sich ertappt oder entlarvt fühlt.
Dabü(l)	Mensch mit schon sehr geringem IQ
Daderer	(zittriger) Greis
dake(i)ma	erschrecken: *Do bin i oba dake(i)ma!* (Da habe ich mich aber geschreckt!)
dalangi	müde, erschöpft
dalintschn	etwas (durch Zufall oder im letzten Moment noch) erblicken
damisch	schwindlig; aber auch: hochgradig ungeschickt und unbeholfen
dapackn, dapockn	bewältigen: *Des werma scho dapackn!* (Das werden wir schon schaffen!)
dari(ch)	dürr, mager, unterentwickelt. Das *Darihaxlwiesl* ist (nur im Seewinkel) das Wiesel mit den dürren Füßchen, also eine Eidechse.
dasi(ch)	benommen
datuan	verwundert sein; aber auch: um eine Sache viel Wesens machen

daungln	(die Sense) dengeln; aber auch: wanken, herumirren: *Do bin i in gaunzn Toch in Wian umadum daunglt.* (Da bin ich den ganzen Tag in Wien herumgeirrt.)
dauni	weg, zur Seite
dearisch	schwerhörig, taub
de(i)derln	kindlich oder kindisch herumtun; *vade(i)derln* (verzärteln)
defantiern	für jemanden Partei ergreifen, in eine strittige Situation eingreifen (abgeleitet von franz. *defendre:* verteidigen)
Depscher	Delle
deschparat	*Deschparat* ist zwar abgeleitet von »desperat«, heißt jedoch nicht »verzweifelt und hoffnungslos«, sondern »verblüfft und (vor Überraschung) sprachlos«.
dianat	unruhig, nervös, ohne Sitzfleisch. *Dianat* ist z. B. eine Henne vor dem Eierlegen; auch Menschen können herumlaufen *wia a dianati He(i)n.*
Diandl	Dirndl (ein traditionelles Kleidungsstück für Frauen); aber auch: Mädchen; Kornelkirsche
Dibü(l):	Beule, Dippel; aber auch: kleiner frecher Bub
dibü(l)n	mit vollen Backen kauen
ding	dünn
dipfü(l)n	klügeln, sinnen, tüfteln

dischg(a)riern ein intensives Gespräch, einen Diskurs führen

Doantschaga Kleiber, Dorngrasmücke

Dodschn Klatschmohn

doikat dumm und dazu noch ohne nötigen Ernst

Douka Puppe (abgeleitet von mhd. *docke, tocke:* Puppe)

Doukta Doktor. Im allgemeinen Sprachgebrauch wird ausschließlich ein Arzt als *Doukta* bezeichnet.

draxln eine komplexe, mehrere Schritte erfordernde Sache erstellen, z. B. eine Intrige (abgeleitet von »drechseln«)

Dreilalla Kindergefährt (verballhornter »Dreiradler«)

Dripsdrüh kein Ort, nirgends, Adresse unbekannt. Mit *Geh noch Dripsdrüh* fordert man jemanden auf, endlich zu verschwinden.

duranaunda durcheinander

durchdrahn verrückt werden; aber auch: bis zum Morgen feiern. Und wenn Autoreifen im Schlamm keinen Halt mehr finden, dann *drahn* sie auch *durch*.

Durizuh »Durchzug«, der tragende Balken einer (Holz-)Decke

Dusn Dose

dutschn schlagen (Nüsse werden im Burgenland *aufdutscht,* während man sich den Schädel *au(ñ)dutscht.*)

E

eh	ohnehin, sowieso; aber auch: bevor. *Eh we(i)n i de(i)n heirad, eh bleiw i le(i)di!* (Bevor ich den heirate, bleibe ich ledig!)
ehnder	früher, vorher
E(i)ckweh	aufgesprungene, entzündete Mundwinkel
eimagriern	Der Hinweis *De(i)s kaunst da eimagriern* meint, dass man sich das behalten, an den Hut stecken kann, dass man darauf höflichst verzichtet.
eina	herein
e(i)ng, aing	euch (abgeleitet von mhd. *enk*). Die Grußformel *Pfiat eng Goud!* drückte also ursprünglich einen Wunsch aus: Behüte euch Gott!
eini	hinein
einikubü(l)n	rasch und drängend wo eintreten oder einsteigen (z. B. in den Autobus)
ei(ñ)schau(ñ)	beim Versteckspiel der Suchende sein; aber auch: den Kürzeren ziehen
ei(ñ)rei(ñ)ln	jemandem etwas aufbürden, aufdrängen, einreden

E(i)st	Nest
eppa	vielleicht, etwa
exbadiern	jemanden hinauswerfen; aber auch: jemanden oder etwas seiner Bestimmung zuführen; etwas vollenden. Wer die Kinder ins Bett bringt, tut sie ebenfalls *exbadiern* (abgeleitet von *expedieren:* befördern).

F

Wörter, die Sie unter F nicht finden, stehen sicher unter V

Fa(d)l	Fuhre, Wagenladung (abgeleitet von »Fuder«)
fahn	das Mehl sieben
falliern	klingt zwar so wie das Kärntnerische »verlieren«, heißt auf Burgenländisch aber: sich irren, sich verkalkulieren
Fa(ñ)l	kleine Fahne; aber auch: leichter Rausch
Fa(r)l	Ferkel, Jungschwein
fawü(l)n	anfärben
Fei(d)l	Taschenmesser
fe(i)xn(a)	fechsen, ernten; aber auch: profitieren
Feri	häufige Koseform für Franz, der ja auf ung. *Ferenc* heißt
fert	im Vorjahr
Fettn	Drall, Schleuderkurs; daher auch: Trunkenheit, Rausch (abgeleitet von franz. *effet*, was in dem Fall wiederum das Abfälschen der Kugel beim Billard meint; der Ausdruck ist aus dem Wienerischen ins Burgenland vorgedrungen)
Fetzn	Rausch. Der *Fetzn* ist sprachlich im Zusammenhang mit der *Fettn* zu sehen.

fianzeln	über Anwesende boshafte Witze machen
Fiata	»Vortuch«, die Arbeitsschürze der Bauern
Fischga(ü)l	Amtmann, Anwalt, Notar (abgeleitet von »Fiskal-«)
Fist	kleinerer, nicht gar zu lauter Furz
Flankerl	Schwebstoffe in der Luft oder in Flüssigkeiten; Flocken. Wenn es *flankerlt*, dann schneit es leicht und in kleinsten Flöckchen.
Flaxn	Sehne; beim lebenden Tier sehr notwendig, beim toten, vor allem wenn es am Teller liegt, sehr unbeliebt
Fle(i)k	Kutteln
Flez	gestampfter Lehmfußboden
Flidscherl	leichtfertiges Mädchen
Fliecha, Fliega	Flugzeug; aber auch: höhergradiger Rausch
Fludriwusch	temperamentvolles Mädchen bzw. junge Frau, dabei auch etwas hastig und schlampig (entspricht am ehesten der Wendung »kleiner Wirbelwind«)
Fluing	Fliege
Foaferl	Milchspeise; aber auch: einfältige Frau. (Ganz emanzipierte Menschen bezeichnen manchmal auch schon einen einfältigen Mann als *Foaferl.*)
Foam, Fuam	Schaum. (Man beachte die Nähe zum gleichbedeutenden engl. *foam.*)

Foasn	Schmalz (eher im Südburgenland)
Foiwriau(ñ)	Maiglöckchen. *Foiwriau(ñ) schmiat d' Me(i)ndscha au(ñ)* will heißen, dass zur Zeit der Maiglöckchenblüte mit höherer Paarungsbereitschaft zu rechnen ist.
folisch	falsch
Fori	Farbe
Fouppa	Schnuller. Das Kind wird insofern »gefoppt«, als es statt der Mutterbrust mit dem Schnuller vorlieb nehmen muss.
Foutzn	Ohrfeige
Fouz	Mund. Wer *an Fouz ziagt* oder *in Fouz he(i)nga losst*, der ist beleidigt oder missgestimmt; der *Fouzhouwü(l)* (wörtlich Fotzhobel) ist die Mundharmonika.
Föwa	Weidenbaum
föwern	masturbieren
Frackerl	kleines Stamperl Schnaps
Frei(ñ)dschoft	Diese »Freundschaft« meint im Burgenland ausschließlich die Verwandtschaft.
Freisn, Froasn	Fieberkrampf
Froßjougl	Schlemmer, Vielfraß
Frucht	Getreide
fruisn	frieren
fuaweachn	fuhrwerken, geschäftig sein, wirtschaften
Fuhri	Furche, Ackerfurche

Fuhrichi und So(d)lichi	das linke und das rechte Pferd (eines Pfluggespannes)
Funserl	kleines Licht
funsln	zündeln
Funsn	sehr derber Ausdruck für missliebiges Mädchen oder Frauenzimmer
fuxn	ärgern
fuzln	klein und unleserlich schreiben

gach	jäh, plötzlich; *gachzurnich* (jähzornig)
Gadsch	Straßenkot, Schlamm; aber auch: Gallerte aller Art
gagerlgö(l)w	*gö(l)w* (gelb) wie Kinderkacke
gameri	gierig
Gantabam	Hebevorrichtung für Weinfässer
Gatja(-housn)	Unterhosen oder kurze Hosen (abgeleitet von ung. *gatya,* den weißleinenen Bauernhosen, welche jedoch lang und weit waren)
Gerschtl	nötiges Kleingeld; aber auch: Geschwulst am Augenlid
Gerschtn	Gerste, Gerstenfeld
gföh(l)d is's!	wörtlich: Gefehlt ist es! (Ausruf beim Eintreten eines Missgeschickes)
Gfrast	böswilliger Mensch; aber auch: ungezogenes Kind
Gfrett	verzwicktes Problem, verfahrene Situation. Wer sich mit etwas *gfrettn* muss, der hat mit Schwierigkeiten zu ringen.
Gfries	Fratze; aber auch: schlimmes Kind

Ghaa	die Haartracht (das »Gehaare«)
Ghack	zerkleinertes Grünfutter (das »Gehacke«)
ghe(i)wich	läufig (bei Pferden; abgeleitet von »gehäbig« sein, also ein bestimmtes, eindeutiges Gehabe an den Tag legen)
Ghoo, Koo	(lebender) Zaun, Einfriedung (abgeleitet von »Gehage«; dieser Zaun ist auch im Ortsnamen Kohfidisch enthalten)
Ghuam	s. *in da Ghuam*
giah(ñ)	Luft holen, nach Luft ringen; aber auch: ein dringendes Verlangen nach einer Sache haben
Gieral	gieriger Mann (möglicherweise Analogiebildung zu ung. *kiraly:* König)
Giezi	Zorn
gifti	zornig, erbost. Der *Giftnigl* ist der Zornbinkel.
giw	gib, gebe
glangi sei(n)	nach etwas gelüstend
Glaung	Schlaufe, Schlinge
glaunga	ausreichen, genügen; eine burgenländische Besonderheit ist das *Sie glaungt*; der Satz bedeutet nämlich: »Es (und nicht »Sie«) reicht.«
Gleim	»Kleie«. Gemeint ist ein Schweinefutter aus Schrot bzw. Kleie. Die Redewendung *Wer si inter die Gleim mischt, de(i)n fre(i)ssn die Sau!* fordert einen auf, auf sein gesellschaftliches Umfeld zu achten.

gle(i)nga	erreichen
Glescha	Knall; aber auch: besonders saurer Wein. Der *He(i)ckngleschа* ist ein Wein, der nicht aus dem Weingarten, sondern von einer (unkultivierten) Weinhecke stammt und dementsprechend schmeckt.
Gleschn	abfällig für ein aufreizendes Frauenzimmer
glewa	kaum (nur im Südburgenland)
Gloastn	Fahrspur
Glosara	Glaser. *Is dei Voda a Glosara?* (d. h. Glaubst du, dass du durchsichtig bist?) fragt man jemanden, der einem die Sicht verstellt; da Libellen durchsichtige Flügel haben, werden auch sie manchmal *Glosara* genannt.
Glotthousn	kurze Hosen aus einem strapazierfähigen schwarzen Stoff namens Chloth (hat nichts mit »glatt« zu tun)
gloudern	Stuhlgang haben
Glua(r)n	abwertend für Augen
gluich	karg, sparsam, geizig
Gluid	Glut. Ein *Gluidnigl* ist ein heißblütiger, jähzorniger Mensch.
Glumpat	nicht oder schlecht funktionierendes Gerät; wertloses Zeug
Gmoa, Gmua	Gemeinde, Gemeindeamt
gmui, gmua	genug
gmularat	eingedickt (bei Suppen, Saucen etc.)

gnauern	*Gnauern* (also ein spezielles Geräusch von sich geben) können weinerliche Kinder und ungeschmierte Türangeln.
gnedi(ch)	eilig, Zeitnot habend
Gne(i)berl	Knöchel
Gnoubern	Beulen, Unebenheiten
Goas	Ziege, Geiß
Goasl	Peitsche, Geißel
Gogaria(ñ)tschn	Stalllaterne
Gogerln	Hoden
Gogosch	Hahn (abgeleitet von ung. *kakas:* Hahn)
Gohschl	ein Bursch, der *prouzmaü(l)t*
Goi ause(i)tzn	wörtlich »die Galle ansetzen«, jemanden nerven. Die Steigerungsform lautet *Goi riegln* (wörtlich »die Galle riegeln«), also jemanden extrem nerven.
Gopa	Dille
Gorowadsch	Weidenrute, Peitsche (abgeleitet von ung. *korbács:* Peitsche, Knute)
Gouda	nein, kein holländischer Käse, sondern das Doppelkinn
Gouschn	Mund. Wer *gouschat* ist, der ist entweder großsprecherisch, angeberisch oder auch nur frech, wortgewandt oder schlagfertig.
goutakeit, goutichkeit	was besagt (verballhorntes lat. *quod dicat)*
Graffl	wertloses Zeug; auch: *Grafflweri*

Grallerl	Holz- oder Glasperlen
grama	verhalten, diskret krachen. Zerkratzte Schallplatten tun *grama* (die Assoziation zum Grammophon ist jedoch als zufällig zu bezeichnen).
Gramanz	unverträgliche Frau
Graml	Geld; aber auch: Plunder
Gramü(l)n	Grieben. *Host leicht in Pfoara die Gramüln gstuin?* (Hast du denn dem Pfarrer die Grieben gestohlen?) fragt man jemanden, der unter Fieberblasen leidet; *Gramü(l)pugatscherln* sind ein beliebtes salziges Gebäck zum Wein.
Graud und Ruim	»Kraut und Rüben«, Mischmasch, Durcheinander
Graunawittn	Wachholder
grau(ñ)bat	unansehnlich, dürftig
Graund	Brunnentrog
Grausbian	Wem die *Grausbian aufsteign*, dem graust vor etwas.
graw	grau
grawutisch	verärgert, aufgebracht
grechtln	bereitstellen
Gria(ñ)zeich	»Grünzeug«, Gemüse
Griedsch	Feldhamster
Grind	hartnäckiger Schmutz. Wer *dagrindt* ist, der ist ganz steif und starr vor lauter

Schmutz; ein *Grindnigl* ist ein ungewaschener Mann.

Grischbindl	dürrer Mann (abgeleitet von *Crispinus*, assoziiert zu *Grischbl:* Korpel)
grod da Näh	gerade eben jetzt
grodn	Wenn es jemanden *grodn* hat, dann ist er einem Unglück im letzten Moment entronnen.
Groud	Kröte. Die *Groudnlockn* ist ein seichtes (temporäres) Gewässer, in dem sich Kröten tummeln.
gruañhofti	wachsend, sprießend, keimend. *Mia kauñ nit gruañhofti wean!* bedeutet, dass immer wieder neue Schwierigkeiten und Hindernisse auftreten, die einen daran hindern, das Rechte zuwege zu bringen.
Gruingerln	Augenkrusten; auch: *Gruingan*
Grumpirn	»Grundbirne«, Erdäpfel (Das *mp* ist durch das Zusammenziehen von *ndb* entstanden, weshalb es auch hart ausgesprochen wird – die Sache hat mit »krummen Birnen« folglich nichts zu schaffen.)
Gruschbü	Knorpel
gschamich	schüchtern, verschämt
gschiffü(l)t	kariert
Gschia	Geschirr
Gschloda	kalter Kaffee; auch: *Gschlouda*

Gschmoasa	Kinder; etwas abwertend, leitet sich nämlich von »Geschmeiß« her
Gschmocha	Geschmack. Wenn etwas *kuan Rocha und kuan Gschmocha hot*, dann schmeckt es nach rein gar nichts.
Gschne(i)wü(l)	»Geschnäbel«, Gesicht, Gesichtsausdruck (dem gemäß man Familienähnlichkeiten zu erkennen vermeint)
gschpoasi	leitet sich zwar von »spaßig« ab, meint aber eher »eigenartig«, »außer der Norm«.
Gschrop	kleiner Bub
Gschudi!	Scheuchwort für Hühner
Gschwistrat	die Gesamtheit der Geschwister. Das *Gschwistakind* ist die Cousine oder der Cousin.
Gseras	Aufsehen, Lärm, Geschrei (von jidd. *gesera:* Verordnung, Anordnung)
Gsichta	Kinder
Gspuli	kleiner Bub; auch: *Spuli*
gstaucht	untersetzt
guamazn	gähnen; auch: *goamazn*
Guga-Ahñl	Urgroßmutter
Gugamaruh	Ringeltaube. Der Name ahmt ihre Ruf nach.
Gugamong	Wiesenchampignon
gugasche(i)gad	sommersprossig
Guggu	Kuckuck

Guglviahaus	Goldamsel (Pfingstvogel, Pirol)
guid	gut. *Guid is's gaunga, nix is gschehng (olli sans gstauntn, nix houms gsehng)!* (Gut ist es gegangen, nichts ist passiert, alle sind gestanden, nichts haben sie gesehen) sagt man erleichtert, wenn ein riskantes oder kompliziertes Manöver (egal ob bei Arbeit oder Vergnügen) gut über die Bühne gegangen ist.
Guißaumpa	Gießkanne
Gulik	Kolik
gumpi	unruhig, nervös (bei Pferden); übermütig (bei Menschen)
Guwanahl	Volant, Fahrradlenkstange; aber auch (Pars pro Toto): das Fahrrad
gwantn	kleiden, einkleiden
Gwaund	Kleidung, Gewand
Gwaundlaus	zudringlicher, lästiger Mensch
Gwirks	verworrene Situation, Dilemma
Gw(o)an	Schneewechte

H

had	Ein direkt aus dem Ungarischen (*hát!*) entlehntes, einleitendes Füllwort, welches meistens bei zweifelnden oder missbilligenden Aussagen verwendet wird: *Had glaubst wirkli(ch)? Had bist deppat? Had giw a Rui!*
hanti(ch)	bitter; auch: unleidlich (bei Personen)
hari, ha(r)b	beleidigt, schlecht gesinnt
hasari(ch)	heiser
Haud	Haut. Eine *guidi Haud* ist eine gutmütige Person, die sich leicht ausnützen lässt; eine *schlechdi Haud* ist ein Intrigant; *Weh deiner oama Haud!* ist eine Drohfloskel, die Prügel in den Raum stellt.
haü(l)	glatt, rutschig
Haundbrassettl	Armband (abgeleitet von franz. *bracelet*: Armband)
hawln, hawü(l)n	nach Urin riechen (nur im Nordburgenland)
Haxn	Bein; aber auch: abfällig für Mädchen. (Das wienerische *Baa* kann analog dazu auch in diesen beiden Bedeutungen ver-

	wendet werden); wer anderen ein Bein stellt, der *haxlt.*
heabei	dicht daran
He(i)fastöü(l)n	»Stellage für Heferl«, Küchenregal
he(i)ka	stechen
He(i)n	Henne
heiß und tsche	links und rechts (beim Kuhgespann)
he(i)wü(l)n	geerntete Früchte entlauben
Hia(ñ)l	Huhn, Hühner
Hia(ñ)da(r)m	Vogelmiere
Hia(ñ)pa	ausgeprägtes Riechorgan, große Nase
Hiasl	Einfaltspinsel (abgeleitet von Matthias)
hiaz, hiañz	jetzt. (Das im Südburgenland sehr stark und auffällig nasalierte *hiañz* wurde wohl zum Kennwort für dessen Einwohner; mit sehr großer Wahrscheinlichkeit geht darauf die Bezeichnung *Hianzen* zurück; Details dazu im Nachwort).
hideg, meleg	kalt, warm. Dieses aus dem Ungarischen übernommene Wortpaar ist erhalten in der Redensart *Da Hideg hod in Meleg gfre(i)ssn,* die den ersten Kälteeinbruch des Herbstes kommentiert.
himmlazn	wetterleuchten
hi(ñ)dau(ñ)	auf der gegenüberliegenden oder vorderen Seite
hintari	nach hinten
hintarucks	verhalten, im Geheimen, arglistig

hintaus	die Rückseite (Scheunenseite) eines Straßenzuges
Hirast, Hirigst	Herbst. Die *Hirastrosn* sind die Chrysanthemen.
Hoad	Heide
ho(b)m, howm	haben
hoiwalisch	halbherzig, ohne echtes Engagement, ungenau, unvollendet
Hos	Hase. Das *Hosnbrod* (Hasenbrot) ist eine nicht gegessene und von der Feldarbeit wieder nach Hause gebrachte Mahlzeit.
Housn-Iawü	Hosenbein (wörtlich »Hosenärmel«)
Houtta	Gemeindegebiet (abgeleitet von ung. *határ:* Grenze)
Houzat	Hochzeit
hü und hott	links und rechts (beim Pferdegespann)
Huañzlsschä(d)l	gleichgültig-dummer Mann (abgeleitet vom hölzernen Kopf der Heinzelbank, einem Gerät zur Holzbearbeitung)
Huidwoad	Hutweide
Huiserl, Kuiserl	Marienkäfer; auch: *Frau Huiserl, Himmü(l)kuiserl*
hundsgrobü(l)n	sich eines unausgereiften Schwimmstils befleißigen
Hundskas	unbedeutende Kleinigkeit (im Gegensatz zum wertfreien *Leacherlschoaß* aber eindeutig negativ belegt)
hussn, aufhussn	einen schwelenden Konflikt anfachen

I

Iawü	Ärmel
Iaxn	Achsel, Schulter. *Iaxnbriater* hingegen sind unedle, wild am Rebstock wachsende Weintrauben (die sozusagen unter der Achsel ausgebrütet worden sind).
in da Ghuam	im Geheimen, insgeheim
ina mehra	in einer kleinen Schar
inna wea(r)n	in Erfahrung bringen
intarisch	darunter, unterhalb
Irito(ch)	Dienstag
Ischtanudschi!	Burgenländisches Fluchwort, verballhornt von ung. *istenuccse,* welches ungefähr »Gott sei mein Zeuge« bedeutet.
iwahaps	schätzungsweise
iwamocht	»übermacht«, über die Kräfte gehend; aber auch: gezwungenermaßen
iwanachti	unausgeschlafen
iwastandi	die beste Zeit vorbei habend. *Iwastandi* können Menschen und Speisen sein.
iwazeidi	überreif, überfällig
Iwrigs	»Übriges«, Überfluss

Janka	Männerrock, Sakko
Jaukerl	Injektion
jaukn	scheuchen, antreiben
Jessasmarandana!	Ausruf des Erschreckens (»Jesus, Maria und Anna!«)
jiada	jeder; auch: *ajiada*
Joi!	Ausruf des Erstaunens (eins zu eins aus dem Ungarischen übernommen)
juizn	juchzen
Jüling, Üling	Schwertlilien, Zwerglilien
Juregett	*Juregett* (abgeleitet von ung. *jò reggelt*: Guten Morgen) ist erhalten in Redewendungen wie *Bist schou wieda ausgwe(i)st bis Juregett!* (Hast du schon wieder die Nacht durchzecht – nämlich bis es Zeit war, einen »Guten Morgen« zu wünschen!)
justament	erst recht, zum Trotz
justanee	gerade eben (»just der Nähe«)

Wörter, die Sie unter K nicht finden, stehen sicher unter G

kaasich	»käsig«, von bleicher oder ungesunder Gesichtsfarbe
Kamanadl	»Karbonade«, Schweinskarree
Kamp	Rispe der Weintraube
Kamp(ü)l	Kamm
kamt	kaum
Kapp(ü)l	Kappe. *Heiradn is nid Koppn tauscht.* (Heiraten ist nicht wie das Austauschen einer Kappe – und will demnach wohl überlegt sein.)
Karakta	Charakter. *Hod s' an Karakta?* fragt man (nur halb) ironisch, wenn man die Höhe der Mitgift einer präsumtiven Braut zur Diskussion stellt.
Karnalli	ausgekochte Person, Schurke oder Schurkin (abgeleitet von franz. *canaille*)
Kasdru(ü)l	»Kasserolle«, Kochtopf
Kaumidat	Komitat. Die alte ungarische Gebietsverwaltungseinheit ist noch lebendig in Redensarten wie *Bin i leicht da Dimmsti vaun Kaumidat?* (Bin ich vielleicht der Dümmste des Komitates?)

Kauñl	Kanne
kauschn	unangenehm viel reden
Kaüwü	Kalb; s. a. *Metzerl*
Keaschtn	Kirsche(n). Das *Keaschtnmandl* hat aber nichts mit Kirschen zu tun, es ist die Vogelscheuche; ist jemand *zaumgstöüd wia a Keaschtnmandl,* dann ist er unmöglich gekleidet.
kei(ñ)	werfen, schmeißen; aber auch: gebären
keisch	einfach, schlicht; aber auch: eng anliegend (bei Kleidung)
Ke(i)stn	Kastanie
ke(i)wi(ch)	läufig (bei Pferden)
Kiawas	Kürbis
Kiedl	»Kittel«, Frauenrock
Kiedn	Quitte(n)
kiefü(l)n	auf etwas herumkauen, einen Knochen abnagen; im übertragenen Sinn auch: ein Problem wälzen. Wer nämlich *wos zan vakiefü(l)n hot*, dem bereitet etwas Sorgen.
kiern	spitze Schreie ausstoßen
Kini	König
Kinigl(hos)	Kaninchen
Kina	Kinder
kina	können
kindsdiana	babysitten

Kira	Kirche
kirafiatn	wallfahren
Kirito(ch), Kirtoch	Kirchweihfest. *An Kiritoch ohoidn* heißt man auch »eine spontane Lustbarkeit veranstalten«; *mit uan Hintern auf zwoa Kiritoch* ist jemand, der mehrere Dinge gleichzeitig oder etwas der Unvereinbarkeit Unterliegendes erledigen will.
Klerassei	abfällig für Verwandtschaft, Familien-Bande (abgeleitet vom alten Wort für Klerus »Klerisei«: die Gesamtheit der hohen und niedrigen Geistlichkeit)
klinsln	klingeln
kluich	sparsam, geizig
knaufa	Rostige Türangeln, bettelnde Katzen, weinerliche Kinder und unzufriedene Frauen können dieses ganz spezielle *knaufade* Geräusch von sich geben.
Kneifü(l)	»Knäuflein«, Schürzenknoten. *Dea geht ma nid von'n Kneifü!* (Der rückt von mir nicht ab, lässt mir keinen Frieden!)
knoutzn	kauernd und ausdauernd sitzen; wird auch abwertend oder tadelnd verwendet: *Der knoutzt in gaunzn To(ch) in Wiatshaus!* bezeichnet ganztägiges Herumsitzen im Wirtshaus.
koawi	diesig, dunstig, nebelig
Kodapau(d)l	Kater; »Katerpaul« stellt eine seltsame Kombination von Tier- und Personenname dar; s. a. *Oister*

Koi	Kinn
Kojagl	angejahrter Hase
Koli	Kalk
kötzn	schimpfen, vorwurfsvoll daherreden
Koumaü(l)	undeutlich, verwaschen redender Mensch (der spricht, als hätte er ein *Kou,* also einen Koch/Brei, im Mund)
Koutzn	grobe Decke, Pferdedecke
kralawadschat	verwachsen, windschief, asymmetrisch
Kramatantinger	langsamer und umständlicher Mensch
Krapferl	Nicht nur kleine Krapfen, im Burgenland werden alle Arten von Kleingebäck, z. B. auch Kekse, so bezeichnet.
Kraxn	Tragegestell, Buckelkorb; aber auch: abfällig für Bettstatt; oder auch: abfällig für Fahrzeug. Wer *a Kraxn mocht*, der stirbt.
kre(i)pfazn	rülpsen (abgeleitet von »Kropf«)
kudern	anhaltend lauthals lachen. *Fliedern und kudern* heißt man ein Herumalbern mit Körpereinsatz; eine *Kudamia(r)l* ist eine Frau, die viel *kudert.*
Kui	Kuh; die Redewendung *Waun d' Kui hi is, suis Kaüwü a hi sei!* meint etwas fatalistisch: Ist die Kuh weg, schert mich auch das Kalb nicht mehr.
Kuiserl	Marienkäfer; auch: *Huiserl*
Kupfa	Koffer

L

a b c d e f g h i j k **l** m n o p q r s t u v w x y z

lahñ	Wenn es *lahñt*, dann herrscht Tauwetter.
lahñzna	einen quäkenden oder schrillen Ton erzeugen. Auch eine eine schlecht gespielte Klarinette kann *lahñzna.*
lamadiern	klagen, jammern, lamentieren
Lanka	Halbwüchsige, Backfisch, manchmal auch im Sinne von grobes, ungeschlachtes Mädchen; bundesdeutsch würde man Gör dazu sagen (abgeleitet von ung. *leány:* Mädchen)
lanzln	Wer *umadum lanzlt*, der vergeudet untätig seine Zeit.
lauta	ausschließlich, pur
Lawuah	Waschschüssel (abgeleitet von franz. *lavoir*)
Leacherlschoaß	völlig unbedeutende Kleinigkeit (wie eben der *Schoaß* einer Lerche)
ledi(ch)	ausschließlich, nur, rein, pur. Ist ein Kind *da ledichi Fraunz-Oungl,* so sieht oder ist es dem Onkel Franz sehr ähnlich.
ledschat	weich, kraftlos. Ist ein Wein *ledschat,* dann fehlt es ihm an Säure.

Lefzn	Lippen
le(i)azn	lechzen
Leich	Leiche, Begräbnis. *Gehst auf d' Leich?* (Wirst du am Begräbnis teilnehmen?)
le(i)dich	ledig, un(an)gebunden. *A le(i)dichs Kind* ist unehelich geboren; *a le(i)dichs Rouß* ist ein freilaufendes Pferd; s. a. *ledi(ch)*
Le(i)shah(ñ)l	Gottesanbeterin
le(i)skorna	die Nachlese einsammeln
leitern	verringern, verkleinern (z. B. einen Vorrat; abgeleitet von »läutern«)
Lekwa	Marmelade (abgeleitet von ung. *lekvár*)
Lettn	feuchter Lehm, Schlamm
Liachtlescherl	Löwenzahn; s. a. *Ziguri*
Loaffa	Maske, Larve
loapn	erlauben, zulassen, dulden
Lou	Loch; Anus. Die *Loudibü(l)n* sind die Hämorrhoiden (s. a. *Wintakeaschtn*); im Singular ist *Loudibü(l)* auch als Schimpfwort für böse Buben im Gebrauch; den *Loudiridari* (Handbohrer) kennt man aber nur im Seewinkel.
Louglachl	unselbständiger, hilfsbedürftiger Mann
lousn	hören, horchen. *Wos loust 'n wie da Bär in da Gerschtn?* fragt man jemanden, der plötzlich einsilbig wie ein Bär ist und zu grübeln scheint.
lukat	löchrig

M

abcdefghijkl**m**nopqrstuvwxyz

magiern	vortäuschen, »markieren«
Magrau(ñ)	Majoran
maladich	matt und müde. Auch ein warmer Wind kann *maladich* sein (abgeleitet von franz. *malad:* krank).
Mankerl	noch vor der Reife vertrocknete Früchte
mantaliern	erwähnen
Marweln	Murmeln; s. a. *Awerl*
Maü(l)	Maul. Die *Maü(l)bia* ist die Maulbeere (im Plural klingt sie genauso); die *Maü(l)musi* (»Maulmusik«) meint die Mundharmonika; eine *Maü(l)mau(ñ)zn* ist ein unbeholfenes, leicht verzagtes Mädchen.
Ma(ü)lta	Mörtel
Maumau	Schreckgestalt für Kinder
Mau(ñ)zerl	Kätzchen
Maxn	Drahtschlinge der Wilderer
Mering	Jauche, Jauchengrube (nur im Seewinkel)
Metzerl	Kälbchen; s. a. *Kaüwü*

miachtln	feuchte Räume und ungelüftete Kleider riechen so
Miafa(r)l	Meerschweinchen
Mingl	Kinn, Unterkiefer
Mingerl	kleine Mücke
Mia(r)l	schlampige Frau (abgeleitet von »Maria«)
Möhkian	»Mehlhorn«, Salzstangerl
Mogn, Mong	Magen; aber auch: Mohn
motschgern	herumkritteln (penetrant und meist noch dazu ungerechtfertigt)
mouscherln	*Du kaunst mi mouscherln!* sagt man, wenn man aus Gründen der Diplomatie das heftigere, deftigere *Leck mi'n Oasch!* vermeiden will.
mouschn	nach Schimmel oder Moder riechend
Mousn	Beule, Delle
Mou(ñ)äih(ñ)l	Mond. *Suñah(ñ)l und Mou(ñ)äih(ñ)l* sind also Sonne und Mond (eigentlich Großmutter Sonne und Großvater Mond).
Mouskui, Mousbüh	Rohrdommel
Muakn	Karotte; aber auch: ungefälliges Mädchen
Muahm	Tante mütterlicherseits. Als *Tant* wurden ursprünglich nur die Schwestern des Vaters bezeichnet (in Verwandtschaftsfragen war man da sehr genau).

Muida, Muada	Mutter
Muladschag	Trinkgelage, Besäufnis; mit leichter Bedeutungsverstärkung aus dem Ungarischen entlehnt (*mulatság*: Belustigung, Unterhaltung, Zeitvertreib)
Müli	Milch; der *Müli-Abarat* ist das Haus der Milchgenossenschaft (ein Pars pro Toto: mit Apparat war wahrscheinlich das automatische Zählwerk der Milchsammelstelle gemeint)
Müli-Distl	Löwenzahn, s. a. *Ziguri*
Muschgadl	Pelargonie(n)

Na gor asou!	Ausruf oder Zwischenruf im Sinne von: Nun übertreibe (es) aber nicht!
Nachad	Nähe
Nastl	Ästchen
Nedsch	*A poa Nedsch* sind eine unbedeutende Geldsumme (abgeleitet von ung. *négy:* vier; und vier Heller, Pengö oder Forint waren oder sind ja wirklich nicht viel).
negaziern	(Unfug) treiben, etwas anstellen (abgeleitet von. ital. *negoziare:* treiben, handeln)
Ne(i)stscheißerl	das jüngste Kind; auch: *E(i)stscheißerl*
netn	wiederholt eine dringende Einladung zum Essen aussprechen. Der manierliche Gast muss sich jedoch *netn* (nötigen) lassen, es gilt als unhöflich, auf die erste Aufforderung hin zuzugreifen.
niamst	niemand
nid	nicht. *Nid gsoudn und nid brodn* heißt zwar wörtlich »Nicht gesotten und nicht gebraten«, meint aber eigentlich »Weder wirklich gesund noch richtig krank«.
nikern	Eier ausbrüten

ninascht	nirgends
Nipf	der Eizahn am Schnabel des frisch geschlüpften Hühnerkükens. Jemanden den *Nipf ne(i)hma* heißt, ihm die Hoffnung rauben, ihn entmutigen.
Noa	Narr. *Bessa a Noa mit, wia a Noa alua!* bedeutet ungefähr das Gegenteil des Schillerschen »Der Starke ist am mächtigsten allein!«; der *Noandattl* ist ein Possenreißer, ein närrischer Mensch; die Redewendung *Umadum das Rosnga(r)tl, in da Mitt' das Noandattl!* will sagen: Es kommt doch vor, dass sich wertvolle Menschen gerne um einen billigen Witzvogel scharen.
nocha	später, danach
Nocht	Nacht. Die *Nochtaü(l)n* (»Nachteule«) ist jemand, der abends lange auf ist; das *Nochtkasettl* ist ein kurzes, eng anliegendes Nachthemd (hat mit einer Kasette nichts zu tun, wohl aber mit einem Korsett).
nodzeidi(ch)	»notzeitig«, unausgereift
nom	nachher, dann
Nost	Ast
Noubaza	Nickerchen im Sitzen
Nouckerlzwicka	kleinlicher Mensch, Erbsenzähler (jemand, der sogar ein kleines Nockerl noch zerteilt). *A fade Nouckn* ist ein thumbes Frauenzimmer.
Nudscherl	Schweinchen

O

Oa	Ei
Oachkatzl-schwoaf	Eichhörnchenschweif (Dieses Wort lässt man gerne deutsche Touristen nachsprechen, um sich an deren Scheitern zu delektieren).
Oas	Furunkel, Abszess
Oawas	Erbsen
ofoutzna	jemanden mit mehreren Ohrfeigen bedenken
oft, oftn	dann, nachher, später (vgl. engl. *after*)
ogmumpft	*Ogmumpft* schaut man aus, wenn man einen unfähigen Friseur besucht hat.
Ograü(l)	»Abgräuel«, ungepflegtes und auch schroffes Mädchen bzw. junge Frau
Ogrosl	Stachelbeeren
Öha!	Kommando »Halt! Stillgestanden!« für Pferde; kann aber auch einfach anstelle von »Pardon!« oder »Bitte vielmals um Vergebung!« gesagt werden
ohausn	Privatkonkurs anmelden (das Haus verkaufen müssen)
Oister	Elster. In Weiden am See heißt der Vogel

Oisterka(d)l, also eigentlich »Elsterkathi«, in Purbach *Olisterka(d)l* – eine interessante Kombination von Tier- und Personennamen (wie man sie auch beim *Kodapau(d)l* findet).

oistern, na oistern – also, na also, warum nicht gleich

okragln – den Hals umdrehen

okritasiern – »abkritisieren«, sich den Kopf zerbrechen

olawaü(l), oiwü(l) – immer, allerweil. *Es is oiwü wos, wos in Himmü hoit!* ist eine Zuversicht verströmende Redeweise, denn schließlich gibt es immer etwas, was den Himmel oben hält (so leicht fällt er uns also nicht auf den Kopf).

oli Rid – oft, in kurzen Abständen, jederzeit

omandln – eine fotografische Porträtaufnahme machen

onamü(l)n – jemanden beschimpfen, mit Schimpfnamen heruntermachen

opassn – auflauern

oroffü(l)n – verkratzen, verschrammen

oschnouzln – jemanden abküssen, dies jedoch heftig und feucht. (Kinder können auch Süßigkeiten *oschnouzln*).

osch(o)asseln – jemanden abwimmeln. (Es besteht kein Zusammenhang mit dem *Schoaß*, sondern mit dem französischen Wort *chasser:* jagen)

ospe(i)ñ	ein Jungtier der Muttermilch entwöhnen; daher auch *Spe(i)ñfa(r)l*
ostottn	etwas erledigen
otriwuikern	s. *otruikern*
otruikern	ein Problem hastig und im Geheimen lösen; auch: *otriwuikern*
Öü(l)taach	»Öltage«, schwere Zeiten (möglicher Zusammenhang mit Christus am Ölberg)
owi, oi	hinunter
Oxle(i)di	»Ochs, leg dich!« (ein Kartenspiel)

P

Wörter, die Sie unter P nicht finden, stehen sicher unter B

Paa(r)l	Pärchen. *De(i)s is a Paa(r)l wia Hund und Fa(r)l* bezeichnet ein Paar, das zusammenpasst wie Hund und Ferkel, also überhaupt nicht.
Pamhagl	Hautentzündung
pamperln	*Pamperln* nannte man früher das Spielen der Kinder mit Straßenkot oder feuchtem Lehm; heute gibt es Plastilin.
Papperl	Kinderbrei; auch: verlockende Mahlzeit
Pappn, pappat	die deftigere Version von *Gouschn* und *gouschat*
Paramitn	»Pyramide«, Bezeichnung für manche südburgenländische Hügel
Pass ho(b)m	aufmerksam sein, Obacht geben
Pataze(i)dl	gedruckte Todesanzeige, Parte
Paumbrigau(ñ)	Pompardon, Basstuba
pe(i)nzn	heftig bitten, flehen
Pfeascha	Pfirsiche; auch: *Pfeaschi*
Pflama	Fusseln, Flaum
pfnausn	schwer und hörbar atmen
Pinn	Bretterboden

Pischti, Pischtl	vom ung. *Pista* abgel. Koseform für »Stefan«
Pixn	Vulva
ple(i)dern	sich lärmend und rasch fortbewegen, Motorrad fahren
ploudern	blubbern (die Luft im Wasser); aber auch: flattern (die Fahne im Wind)
Pobarosn	Pfingstrosen; aber auch: Malven
Pobst Loucherl	»Papst Locherl«, jemand, der seine soziale Position ziemlich heftig überschätzt
poschn	schmatzend essen
Potschgai	ungeschickter, »patscherter« Mensch; vom Eigenschaftswort *patschert* abgeleitete Analogiebildung zu den ungarischen Namen *Bocskai, Pocskay* etc.
Potznlippl	»Patzenphilipp«, jemand, der beim Essen herumpatzt
pretschkern	flüssig in einer Fremdsprache reden
pretschöhln	lautmalerisches Zeitwort, das die Tätigkeit einer Blaskapelle beschreibt
pritscht	bescheuert, nicht (ganz) normal
pröllat	sehr nervös
Prominzn	Pfefferminze
prouzmaü(l)na	»protzmäulen«, angeberisch und besserwisserisch daherreden
pukn	kopulieren
Pumpara	Gepolter, Donnerschlag, Knall. Wenn etwas *pumpert*, dann poltert es.
Puserl	Hühnerküken

R

Ranftl	Brotanschnitt
rara	besser, ordentlicher. *Wiast da dou an Rarern findtn!* sagt die Mutter zur Tochter, deren Freund ihr nicht gefällt, aber wie die Wortwurzel schon vermuten lässt, sind gute Männer eben selten.
Rau(d)n	Wundschorf
Raumü(l)	»Rammel«, um den Mund klebende Essensspuren; aber auch: getrockneter Nasenschleim; hartnäckiger Schmutz
Raund, Raunt	Anfall von Energie, z. B. in einem einzigen *Raund* eine Arbeit machen. Wer einen *Raund* kriegt, erledigt längst Fälliges rasch (abgeleitet von »rennen«).
raundweis, rantweis	stellenweise, streckenweise, in unregelmäßigen Abständen
Rauschwaugl	Trunkenbold
Rawuza	Nasenschleim (s. a. *Routzn*); aber auch: Schreckgestalt für Kinder (siedelt man im Gerümpel an, um die Kinder von ebendort fern zu halten)
re(a)hn	»röhren«, lauthals weinen
rebadeh!	Noch einmal! (Zuruf an Musikanten bei

	Tanzveranstalungen; abgeleitet von franz. *repetez*)
Re(i)cherl	Eierschwammerl
re(i)gga	Brechreiz verspüren
Reißn	Rheumatismus
rewölisch	aufgebracht, kämpferisch (abgeleitet entweder von »rebellisch« oder von der Reveille, dem militärischen Weckruf)
Riang	großzügig bemessenes Stück z. B. Speck
rifari	einen weißlich-schuppenden Hautausschlag habend (da dieser wie Reif, mhd. *rife* aussieht)
Roacha	Reiher
Rocha	Rachen; s. a. *Gschmocha*
Rotz	Ratte
rouglat	wackelig, locker; auch: *rougli(ch)*
Routzn	Nasensekret; s. a. *Rawuza*
Rouwisch	ursprünglich Kerbholz, jetzt Emblem der Dorfburschenschaft (von ung. *rovás:* Kerbe). Wer jemandem etwas *rouwisch* ist, der schuldet ihm etwas.
rouwodn	hart arbeiten (abgeleitet von »Robot«)
ruachln	hart arbeiten (von mhd. *ruochen:* sich kümmern)
rudi(ch)	rostig; *varudt* (verrostet)
Rui	Ruhe
Ruim	Rübe. Der *Ruimzuzler* ist ein armer Schlucker (der an Zuckerrüben saugt).

S

abcdefghijklmnopqr**s**tuvwxyz

Saffaladi	verballhornte Cervelat-Wurst
Sambuasch	»Säumebursch«, älterer Junggeselle, der mit ehelicher Verbindung gesäumt hat
Sandl	Schimpfwort für ungepflegte oder auch unsauber arbeitende Frau (abgeleitet von »Susanna«)
satzn	mit langen Schritten laufen
Sauba(r)tl	garstiger, unmanierlicher oder auch unanständiger Mann
Saubittl	hölzernes Behältnis für Schweinefutter
Saunigl	Igel; aber auch: unsauberer Mann
Schani, Schañl	Johann (von franz. *Jean*). In Weiden am See ist damit aber auch Alexander gemeint (von ung. *Sándor*); Verrichter niedriger Dienste (der *Boinschani* z. B. muss den Sportlern den verlorenen Ball wiederbringen).
Schaua	Hagel
Scheam	Scherben; aber auch: Nachtgeschirr. Wer *in Scheam aufhot*, der hat das Nachsehen.
Scheawa	Maulwurf; auch: *Scheawla*

Scheawaheisl	offene Zehen
Scheawerln	Blumentöpfe; aber auch: Topfpflanzen (wird nur als Mehrzahlwort verwendet)
Sche(i)nkhaus	Weinschenke. Diese Bezeichnung wird zusehends vom aus dem Westen importierten Ausdruck Buschenschank verdrängt.
schiawarisch	»Schieberisch« (wie ein Schwarzhändler) kann man einen Hut aufhaben oder gekleidet sein, nämlich lässig-schräg.
schichti	beängstigend, im Gefühl der Verlassenheit
schieda	vereinzelt, schütter
schinagln	fleißig sein (abgeleitet von ung. *csinál:* machen)
schlipfü(l)n	in kleinen Schlucken trinken
Schlowahgn-he(i)ferl	»Slowakenhäferl«, jemand, der verschiedenartige Speisen mischt bzw. durcheinander isst
schlua(r)n	ausgiebig trinken
Schluicht	Schilfkanal am Neusiedler See; Schlucht
Schlura	kräftiger Schluck
Schmähtandler	witziger, aber wenig glaubwürdiger Charakter
schme(i)ka	riechen, schmecken; auch: *schme(i)kn.* Die *Schme(i)kadi* (Schmeckende) ist die sehr aromatische Muskat-Traube.
Schmuin	das weiche Innere des Brotes

schmuina	mit großem Appetit essen
schmuzn	schmunzeln
Schnagerl(stessn)	Schluckauf; als Präfix (z. B. *Schnagerl-verein*) Ausdruck der Bedeutungslosig- und Unzulänglichkeit
schne(i)pfazn	aufschluchzen
Schneiztiachl	Taschentuch
schnobern	frösteln
Schnouferl	geschürzte Lippen. *A Schnouferl mochn* heißt den Beleidigten spielen.
Schoa(d)l	Schote (z. B. bei Bohnen und Erbsen); aber auch: Scheitel (beim Haar)
Schoaß	Darmwind; auch: *Schaß*. Die *Schoaß-trumml* ist jemand, der häufig bzw. ungeniert furzt; die *Schoaßtrumml* war aber auch die ursprüngliche Bezeichnung für den *Büllhäfen*, ein nahezu in Vergessenheit geratenes Instrument der Volksmusik.
Schod ums Schmoiz!	»Schade um das Schmalz!« ist ein Ausdruck der verlorenen Liebesmüh.
Schontah	Gendarm
schorazn	kratzen, scharren
Schruindoppa	»Schrollentapper«, ungelenker, schwerfälliger Mann
Schunga	Schinken
schwanzn	heftig ärgern
Schwindl	unvorhergesehene Freizeit. *Heit houma*

	unsan Schwindl sagt man, wenn etwa durch Regen die Feldarbeit flach fällt
Schwitza	eingeschüchterter, autoritätshöriger und fremdbestimmter Mann
Schwoazblattl	Mönchsgrasmücke
Schwoim	Schwalbe
sedern	nieseln
se(i)da nid	niemals, auf keinen Fall
Se(i)chta	Korb; aber auch: Holzgefäß
si(a)ffü(l)n	schleifend gehen
siari(ch)	gierig und geizig
sida	seit
simuliern	sinnieren
Simperl	kleineres geflochtenes Behältnis, Brotkörbchen. *Glaubst, das Göd geht in Simperl auf?* sagt man, wenn jemand mehr ausgeben will, als er einnimmt.
si(ñ)st	sonst
soacha	urinieren
Soaferl	Speichel; *soaferln* (speicheln, trensen)
sö(l)mst	damals
Sottoam	Satan
söü(l)tichi	solche
Spaü(l)	Schiefer, kleiner Holzspan
spaü(l)n	sträuben, widerspenstig sein
Spazi	Spalt, Zwischenraum (von lat. *spatium*)

Spe(i)ñfa(r)l	Spanferkel
Spe(i)nodl	Stecknadel. Ein *Spe(i)nodlhe(i)ngst* ist ein sehr magerer Mann.
Speiwlat	Erbrochenes
Spezi, Spezl	guter alter Freund; verkürzt aus »Spezialfreund«
spiazln	spucken
Spompanadln	unnötige Schwierigkeiten, Mätzchen
Sprissl	Leitersprosse; aber auch: Kleinholz zum Feuermachen
Spuat	Sport (gemeint ist im Burgenland aber immer der Sport schlechthin, nämlich der Fußball). Wer *am Spuat geht*, besucht ein Fußballmatch; beim *Spuatla* ist demnach auch nie der »Sportler« gemeint, sondern ausschließlich der Fußballspieler.
Stanizl	Papiertüte
stantapeda	auf der Stelle, stehenden Fußes (abgeleitet von ital. *stante pede*)
stau(b)m	stauben. *Owa hiaza staubts!* (Jetzt gibt's Zoff!)
Staunta	Holzbottich (im Südburgenland)
Steanzl, Ste(i)nzl	kastriertes Stierkalb
Stehbüttl	Dia (»Stehbild« im Unterschied zum beweglichen Film)
stiarln	stochern

stiazn	stürzen. Wer die *Schui stiazt*, der schwänzt die Schule; vgl. dazu den veralteten Ausdruck *Landstörzer.*
Stiezerl	Pulswärmer
stigazn	mit brüchiger Stimme sprechen
Stori	Storch
strawanzn	sich herumtreiben, eine Wirtshaustour machen, herumspazieren
Strauka	Schnupfen
Stroafhö(ü)lzl	Zündhölzer
Stupp	Körperpuder, Babypuder (von mhd. *stoup:* Staub)
Sumper	aus Weidenruten geflochtener Korb; aber auch: stur-dummer Mann
Suñah(ñ)l	Sonne. In manchen Orten heißt auch das Marienkäferchen *Suñah(ñ)l*; s. a. *Mou(ñ)-äih(ñ)l.*
Suzl	Kinderschnuller
suzln	saugen

T

Wörter, die Sie unter T nicht finden, stehen sicher unter D

tack	selbstbewusst, tüchtig, cool (eigentlich genau das, was man heute neudeutsch *tough* nennt; vielleicht haben *tack* und engl. *tough* ja auch die gleiche sprachliche Wurzel)
Tant	Tante väterlicherseits. Die Tanten auf der Mutterseite wurden *Muahm* genannt.
Tau(ñ)derlau(ñ)	langsamer, ungeschickter Mensch, auch Pechvogel (entspricht dem wienerischen *Untam*)
teinigln	stechend schmerzen
tougazn	dumpfes, pochendes Schmerzen. *Da Beiñ houd mi in d' Zechn ghe(i)kt, hiaz tougazts.* (Die Biene hat mich in die Zehe gestochen, nun verspüre ich einen pochenden Schmerz.)
tramhapad	»traumhäbig«, schlaftrunken
trenzn	speicheln, tropfen, kleckern
trickern	trocknen; aber auch: verprügeln
Trudschn	blödes Mädchen
Trulla	etwas fülligere *Trudschn*
Tschadagn	Kukuruzspeicher (Weiterentwicklung von

	ung. *csárda* in dessen ursprünglichen Bedeutung als einfacher Unterstand)
Tschagl	Eichelhäher
tschari	verflüchtigt, verschwunden, abhanden gekommen
tschebröh(l)na	laute Musik. Ein zu lautes Radio *tschebröhnt.*
Tschikerl	Fohlen, Pferdchen (von ung. *csikó:* Fohlen)
Tschimmihousn	Jeans
Tschoberl, Tschobü	sehr einfältiger Mensch, dümmliches Kind (das wienerische *Tschapperl* ist weit liebevoller gemeint). Das *Tschoberlwossa* ist ein alkoholfreier Fruchtsaft.
Tschuri	Ejakulat, Sperma (von ung. *csurrant:* ausgießen, verschütten)
Tschutta	hölzernes Trinkgefäß (von ung. *csutora:* Feldflasche)
tuan, tuin	machen, tun, herstellen, schenken. Mit *Dass d' nix tuist!* verbittet man sich eine Bewirtung. *Wos tuist iah d'n?* heißt: Was wirst du ihr denn schenken?
Tuin	Turm (auch: *Tuim, Tuam*); aber auch: Quaste
Tuitsnatuits!	»Tut nur, tut!«, Macht nur weiter so! (Wahlspruch des Hianznvereins)
tumü(l)n	beeilen
tunga	ein Schläfchen machen, einnicken
Tuttl	Zitze; aber auch: weibliche Brust. Die *Tuttlzä(i)hnt* sind die Milchzähne.

U

uamoli	einmalig (im Sinne von exzellent)
Uhu(d)la	der unveredelte Wein (»Selbstträger«) des südlichen Burgenlandes, dessen Überkonsum unbewiesenermaßen sich auf die Sehkraft auswirken soll. (Der Überlieferung nach wurde das heute allgemein geläufige Wort vom legendären Landeskonservator Alfred Schmeller geprägt; er meinte, nach einem Rausch würde man wie ein Uhu bei Tageslicht dreinschauen.)
Uisch	Futtertrog für Schweine
Üling	Zwerglilien, Schwertlilien; auch: *Jüling*
umadumfuchtln	wild gestikulieren; aber auch: ein Fluginsekt vertreiben
Umgaung	Prozession
umgrawanzn	sich räkeln; im Bett nicht die richtige Lage finden
umhouttn	emsig, jedoch ohne brauchbare Ergebnisse arbeiten; Misswirtschaft betreiben
umma	herüber
ummi	hinüber

umprö(l)n	hektisch und rastlos sein
umpuserln	geringfügige Arbeiten mit Eifer verrichten
Umuakn	Gurke (abgeleitet von ung. *uborka:* Gurke)
umvakeat	verkehrt
Untausichi	Sammelbegriff für die Bewohner der Dörfer südöstlich von Neusiedl am See (Leute, die »untenaus« wohnen)
Ura	Sauerteig
Ua(r)schl	Schimpfwort für dumm-dreiste Frau (abgeleitet von »Ursula«)
Üschmek	Hiebe, Schläge (verballhornt von ung. *ütések:* Hiebe)

vabaungadiern	verlegen, verräumen
vakuzn	auf Grund Verschluckens einen Hustenanfall bekommen
vagle(i)nd	verschmiert, verpickt, verdreckt
valuisn	verlieren
vamankln	verheddern, verwickeln
vaschlofa	verschlafen; im Südburgenland: einschlafen
vastuini	verstohlen, insgeheim
vasumpern	sich gehen lassen, die Zeit vergessen (passiert häufig im Wirtshaus)
vazahn	verleiten, verführen
vaziarat	»verzehrend«, überflüssig
veder	vor, vorder-, vorn
Ve(i)da, Ve(i)ta	eher liebevolle Bezeichnung für einen alten Mann, ursprünglich nur dem Onkel mütterlicherseits vorbehalten (abgeleitet von »Gevatter«)
Voda	Vater; auch: sympathischer alter Mann
völli	nahezu, fast, völlig, vollends
vui	voll; aber auch: bekleckert, verschmutzt

Wacka	Schimpfwort für dumpf-blöde Frau (abgeleitet von ital. *vacca:* Kuh; diese Bedeutung ist jedoch nicht bewusst)
warad	wäre. Mit *Do warad jo d'Suppm teira wia's Fleisch!* beanstandet man einen unangemessenen Aufwand oder eine nicht adäquate Preisgestaltung.
Waumbasch	Fettwanst (eine »Wampe« mit ungarischem Personalsuffix); *waumpat* (dickbäuchig)
Wechs	kleine Wunde (etwas, das wehtut)
Wei(ñ)chad	Weingarten; auch: *Wei(ñ)ad*
weisn	ein Pferd am Zügel führen; aber auch: Kinder in Kindergarten oder Schule geleiten
wia da Wö(ü)l	wie auch immer, auf jeden Fall
wia(ñ)gazn	auf dem Sessel herumwetzen, mit ihm schaukeln
wiescherln	urinieren
Wiga	nur im Seewinkel: (Gemeinde-)Stier (abgeleitet von ung. *bika:* Stier)
Wiglwogl	Dilemma, Entscheidungsschwäche

wini(ch)	tollwütig (bei Hunden); aber auch: aufgeregt, aufgekratzt (bei Menschen). *Z' Martini wird da Bauer wini!* (Zum Tag des heiligen Martin wird der Bauer aufgeregt – da er dann den neuen Wein begutachtet).
Wintakeaschtn	»Winterkirschen«, Hämorrhoiden; s. a. *Lou*
wischpü(l)n	pfeifen (nur im Südburgenland)
wogln	wackeln
wuarlat	aufgekratzt, nervös
wua(r)ln	wimmeln, Aktivität zeigen. In einem Ameisenhaufen *wuarlt 's.*
wudern	Ein kalter, böiger Wind *wudert.*
wudi	wütend, zornig (eher im Südburgenland)
Wudupf	Wiedehopf
wü(l)d	wild (sowohl im Sinne von »aufgebracht« als auch »ungepflegt, schmutzig«). Wer jemandem *das Wüdi owaramt*, weist ihn schroff zurecht.
Wumpasgeigei	Traubenhyazinthe
Wusch-plagatattn!	Fluch oder Schreckensruf, wenn etwas um- oder herunterfällt (wohl lautmalerisch)
Wuppa	Schläge; *an Wuppa houm* (nicht dicht sein)
Wuppagazi!	Ausruf des Erstaunens

Zaacher	Zähre, Träne; aber auch: Schmutzspur von Flüssigkeiten
zahn	ziehen
Zahwea(r)kl	Akkordeon
Zasch	hartes Sumpfgras
Zauk	Hündin; auch: *Zaukerl*
Zaü(l)besn	Mädchen oder Frauen, die sich viel in der Nachbarschaft herumtreiben
zauna	weinen (vor allem, wenn kleine Kinder zahnen, Zähne bekommen)
Zaussat	Unkraut
zawuzln, zwuzln	zerknittern; aber auch: einen Lachanfall haben
zebü(l)n	trippeln, zeppeln
ze(i)dern	etwas Flüssigkeit verschütten
zeidi(ch)	reif
Ze(i)gerl	(geflochtene) Tragtasche; *Schuize(i)ga, Schulaze(i)ga* (Schultasche)
Zeißl	Ziesel
ze(i)ttn	ausschütten, panschen (auch im Familiennamen Weinzettl nachvollziehbar)

Zezn	heikler, wehleidiger, zaghafter, nicht belastbarer, leicht beleidigter Mensch
zfleiß	mit voller Absicht, jetzt erst recht
Ziakulahsog	»Zirkularsäge«, Kreissäge
Zidari	schorfiger Hautausschlag
Ziguri	Das Wort kommt zwar von »Zichorie«, wird jedoch für verschiedene Pflanzen verwendet: meistens für den Löwenzahn (in manchen Orten auch *Groudnbischl*, also Krötenblümchen, oder *Müli-Distl*, Milchdistel, genannt), aber auch für die Wegwarte und für die Schafgarbe.
Zingerl	Fettauge der Suppe; aber auch: Schwebstoffe in Flüssigkeiten
Zizerl	Kätzchen (abgeleitet von ung. *cica*: Katze)
zizerlweis	nach und nach. (Auch im übrigen Österreich verbreitet, hat daher mit unserem *Zizerl* nichts zu schaffen).
Zizizahzi	eine unendliche Geschichte (die sich fürchterlich in die Länge zieht)
zmeaschern	zerdrücken, zerquetschen
znepft	in unordentlichem Zustand (nur bei Kleidung)
Zniachtl	kleiner, schwächlicher Mensch
Zöhla	Sellerie
Zötln	»Lebzelten«, Naschzeug
Zoudn	ungepflegtes oder unfrisiertes Haar; aber auch: verschlissene Kleidung
zspragln	Wer sagt *I kunnt mi zspragln!*, hat so

viel zu tun, dass er gleichzeitig an verschiedenen Orten sein sollte.

zucha, zuchi	herbei; *ruck zucha* (komm näher heran), *ruck zuchi* (mach Platz)
zu(d)ln	urinieren
zui ge(i)h, zua ge(i)h	»zu gehen«, Umschreibung chaotischer Zustände. *Do geht's zui wia in Ewichn Le(i)bn* tradiert wohl eine Vorstellung von den Turbulenzen des Jüngsten Tages.
Zuiroacha	»Zureicher«, Hilfsarbeiter
zuwa	her zu
zuwi	hin zu
zuzln	saugen; *Zuzlfle(i)g* (Knutschfleck)
zwerigst	quer; auch: *zweri*
Zwe(i)schbm	Zwetschke(n)
zwiana	sekkieren, neudeutsch: mobben
Zwiang	Keil, Stück, Schnitte
zwicka	zwicken, kneifen; aber auch: zerteilen, abteilen. Das *Zwickabussl* ist ein Kuss, bei dem man das Objekt seiner Begierde in die Backen kneift.
zwida	zuwider; aber auch: grantig und ungehalten. Die *Zwidawuazn* ist ein ständig schlecht gelaunter Mensch.
Zwidua(r)l	Zwitter
Zwuschl	Astgabel
Zwutschgerl	kleines bzw. zu klein geratenes Kind

Wie spricht man nun eigentlich Burgenländisch?

Zunächst einmal: im Norden anders als im Süden. Damit ist unsere Frage aber leider noch nicht erschöpfend beantwortet, da sich die Aussprache einzelner Wörter von Dorf zu Dorf unterscheiden kann, auch wenn sie nicht einmal einen ganzen Kilometer voneinander entfernt sind. (Das kommt von der komplizierten Besiedlungsgeschichte unseres königlich-ungarischen Landstriches, aber das wäre eine sehr lange Story.)
Wie aber soll man in einem kleinen Wörterbüchlein diesen vielgestaltigen Sprechweisen gerecht werden?
Nun, probiert hab ich's.
Sehr gewichtig im Burgenländischen sind die Nasallaute. Ich habe sie mit dem Zeichen *ñ* festgehalten. Nasale werden stets lang gesprochen. Wird ein Laut nicht überall nasaliert oder die Nasalierung nur leicht angedeutet, so steht dieses Zeichen in Klammern *(ñ)*.
Das gilt auch für andere Laute. Ein Beispiel: Für *Plärren* steht *ble(a)hn*, weil sowohl *bleahn* als auch *blehn* gesprochen wird. Oder das Schluss-*l*, das oft, aber nicht immer und überall, zu *ü* wird. (Häufig ist der gesprochene Laut genau ein Zwischending aus *l* und *ü*.) Das mundartliche *Maul*, das bei vielen Dialektschriftstellern schwer verständlicher und irreführender Weise als *Mäu* wiedergegeben wird, heißt bei uns deshalb *Maü(l)* und der *trockene Nasenschleim* ist der *Raumü(l)*.
Steht *e(i)*, so ist e+i zu sprechen, wie im englischen *lady*.
Im Burgenland werden sehr viele *a*, aber auch *o*, als *au* ausgesprochen und das habe ich auch so wiedergegeben. (Obwohl die Mundartkundler da meistens *ao* schreiben.

Ich sehe aber nicht ein, warum ich die *lange Frau* als *laongi Frau* wiedergeben sollte, obwohl beide Laute gleich gesprochen werden. Das *ao* erschwert meines Erachtens ja nur das Lesen.)

Die Endsilbe *-er* ist als *a* wiedergegeben, obwohl da häufig kein ganz reines *a* gesprochen wird. Es kommt aber der Sprachwirklichkeit näher. Genau aus diesem Grunde habe ich die Verkleinerungssilbe *-erl* in dieser Schreibweise beibehalten. Viele Mundartsammler geben z. B. das Wort *Buberl* als *Bubal* wieder, was den Leser höchstens dazu verleitet, es wie einen Medikamentennamen auszusprechen, die ja recht häufig auf *-al* zu enden pflegen. Nein, da ist mir das *-erl* schon weit lieber. (Gesprochen wird ja meist so was Ähnliches wie ein verwaschenes *-ear(d)l,* aber das jedes Mal zu schreiben wäre wirklich von allen Beteiligten zu viel verlangt.)

Selbiges gilt für die Verbalendung *-ern,* welche genauso wiedergegeben wird, während *-ert* unverfänglich als *-at* zu lesen ist. *Deppat motschgern* entspricht auch der Sprachwirklichkeit mehr als *deppat motschgan* oder *deppert motschgern.*

Die Unterscheidung von *b* und *p* bzw. *d* und *t* ist im Burgenländischen marginal, bei einigen Sprechern fast nicht möglich. In manchen Fällen ist auch die Grenze zwischen *g* und *k* hauchzart. Grundsätzlich gilt jedoch, dass auch *p* und *t* nicht wirklich hart bzw. behaucht gesprochen werden.

Bei manchen Ausdrücken habe ich eine fiktive standardsprachliche Übertragung vorgenommen, jedoch nur dann, wenn mir dadurch die sinngemäße Erfassung des Wortes erleichtert schien (z. B. bei *Ograü(l)*).

Der überwiegende Teil des Vokabulars in unserem kleinen Wörterbuch umfasst von mir selbst Gehörtes und Aufgenommenes. Darunter sind Ausdrücke, die ich nur in einer einzigen Ortschaft registrieren konnte, andere sind sozusagen burgenländisches Allgemeingut. Außerdem habe ich einige private Wortsammlungen, meist von verdienten Heimatforschern, eingesehen, die auch das eine oder andere sprachliche Juwel enthielten. Wertvolle Anregungen hielt auch die Kolumne *15 Wörter burgenländisch* bereit, die seit Jahren im Periodikum *Burgenländische Gemeinschaft* nachzulesen ist.

Zum Schluss muss ich nochmals auf *das* Sonderkapitel des Burgenländischen eingehen, auf das *Hianzische, Hienzische* oder *Heanzische.* Ob man die Umgangssprache des ganzen Südburgenlandes (plus Teilen des Mittelburgenlandes) als *hianzisch* bezeichnen kann, diese Frage ist hier nicht zu klären. Da ich hier wirklich nicht ins Detail gehen kann, muss ich ein wenig vergröbern. Also: 1. Nasalieren die *Hianzen* so gut wie alles, 2. befleißigen sie sich einer modulationsreichen Sprachmelodie (na gut: sie singen beim Reden) und 3. verwenden sie nicht nur gerne Diphthonge, also Doppellaute, sondern auch Triphthonge (also noch um einen Vokal mehr).

Ein ganz normaler *Hund* kann auf *Hianzisch* durchaus *Heoun̆d* gesprochen werden, wobei noch tunlichst während des Sprechens die Tonhöhe zu ändern ist. Alle drei oben genannten Hauptkennzeichen des *Hianzischen* findet man am reinsten und ausgeprägtesten in der Region Günser Gebirge – Bernsteiner Hügelland, weshalb ich dort taxfrei die *Urhianzerei* orte.

Kukmirner, Deutsch-Tschantschendorfer, Steinberg-Dörfler und alle anderen, die gerne *Urhianzen* sein oder werden wollen, mögen mir verzeihen, genauso wie alle jene Leser, die das eine oder andere Wörtchen Burgenländisch gern mitreden wollten, gerade das aber in unserem kleinen Wörterbuch nicht finden können.

Abkürzungen

burgenl.-kroat. = burgenländisch-kroatisch
engl. = englisch
franz. = französisch
ital. = italienisch
jidd. = jiddisch
lat. = lateinisch
mhd. = mittelhochdeutsch
s. a. = siehe auch
ung. = ungarisch

Danke!

Meinen guten Eltern, Rosa und Jakob Perschy, weil sie mich in unserer Mundart aufgezogen haben, einen wesentlichen Teil der verzeichneten Wörter weiß ich von ihnen;
den geschätzten Herren Mag. Erich Kummer und OSR Josef Wein für das Zur-Verfügung-Stellen ihrer privaten Aufzeichnungen;
meinen lieben Kollegen Franz Filla, Mag. Christine Mößner und Mag. Leo Prickler für allerlei lustige Hinweise.

Literatur

Josef Altenburger: Erinnerungen an ein Leben im Dorf, St. Margarethen im Burgenland (Selbstverlag) 2000

Annemarie Braun: Der mundartliche Wortschatz des Burgenlandes, Dissertation, Wien 1975

Burgenländische Gemeinschaft, Organ des Vereines zur Pflege der Heimatverbundenheit der Burgenländer in aller Welt (Hsg. Walter Dujmovits), Güssing

Ulrike Kast: Die Terminologie des Acker- und Gemüsebaus von Neusiedl am See im Burgenland, Diplomarbeit, Wien 1997

Rudolf Kleiner: Mundart der Heidebauern, Donnerskirchen (Selbstverlag) o. J.

Eberhard Kranzmayer: Deutsche Mundart. In: Landestopographie des Burgenlandes; I, Eisenstadt 1954, S. 123

Erich Kummer: Wörtersammlung von St. Georgen am Leithagebirge, 1974–2004, unveröffentlichtes Manuskript

Alexander Laky: Lautlehre der Mundarten des Pinkatales, Dissertation, Wien 1937

Paul Rauchbauer: Die deutschen Mundarten im nördlichen Burgenlande, Dissertation, Wien 1932

Gerhard Resch: Die Weinbauterminologie des Burgenlandes (Schriften zur deutschen Sprache in Österreich; 4), Wien 1980

Elemér Schwartz: Sprachmischung im Dialektgebiet jenseits der Lafnitz. In: Deutsche Forschungen in Ungarn; VI, Budapest 1941, S. 266

Josef Wein: Purbacher Mundart, Manuskript

Eva Marion Windisch: Laut- und Formenlehre der Mundart von Unterbildein im Südburgenland, Diplomarbeit, Wien 1996